Quipu

GUARDIANES DE HISTORIAS

©
Mariángeles Reymondes, 2019.
Quipu, 2019.

1º edición: 2019

Murcia 1558, Buenos Aires
Tel.: +54 (11) 5365-8325
consultas@quipu.com.ar
www.quipu.com.ar
@quipulibros
/QuipuLibros

Dirección Editorial: Macaita
Edición: Andrea Morales y María Pía Arrieta
Diseño Gráfico: Marulina Acunzo

Hecho el depósito
que marca la ley 11.723
Libro de edición argentina
Printed in Argentina

Impreso en Argentina
con Papel de Fuentes Mixtas
y manejo responsable.

Mariángeles Reymondes
    ¡Así soy yo! / Mariángeles Reymondes. - 1a ed . - Ciudad Autónoma de
    Buenos Aires : Quipu, 2019.
    36 p. ; 22 x 24 cm.

    ISBN 978-987-504-265-0

    1. Narrativa Infantil y Juvenil Argentina. 2. Superación Personal. 3. Familia. I.
Título.
    CDD A863.9282

Impreso en Gráfica Pinter,
Taborda 48, Buenos Aires, Argentina.
En el mes de noviembre de 2019.

¡Así soy YO!

MARIÁNGELES
REYMONDES

Dicen que soy MUY TALENTOSO.

Tan talentoso que toco el piano hasta con los pies...

Que tengo un gran SENTIDO DEL HUMOR
y todos me quieren.

Dicen que soy **"COOL"** y **POPULAR**,
por eso siempre me eligen.

Sin embargo, hay quienes sostienen que NO TENGO TALENTO.
Que hago todo a medias y me creo más de lo que soy.

Dicen que siempre ESTOY HACIENDO BURLAS
y que SOY MENTIROSO.

Y como no soy muy bueno en deportes,
me dejan siempre para el final.
¡¡SOY EL ÚLTIMO OREJÓN DEL TARRO!!

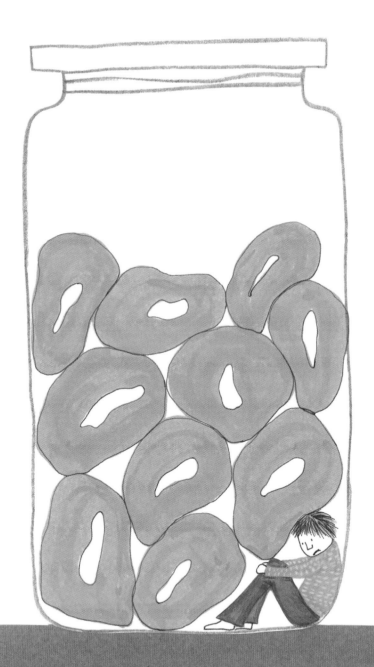

Y aunque a mí me importa lo que dicen…

...creo que algunos saben MUY POCO DE MÍ.

¡ME GUSTA SER QUIEN SOY!

Ni tanto, ni tan poco.

Los que me conocen,
ME QUIEREN COMO SOY.

Talentoso, divertido, burlón, mentiroso...
y mucho más...

Yo sigo el ritmo de mi corazón.

MARIÁNGELES REYMONDES

¡Hola! Soy Mariángeles Reymondes. Dibujo desde siempre porque me hace feliz.
Me encanta pintar y crear historias de mil colores, para que otros las lean y sonrían como lo hago yo cuando las pienso.
Soy arquitecta egresada de la FADU (UBA) y diplomada en Culturas y narrativas para la infancia y la juventud (FLACSO). Para perfeccionarme y cada vez que puedo, concurro a talleres de pintura, dibujo e ilustración.
Actualmente alterno mi trabajo entre la arquitectura y la ilustración.
¡Espero que les guste mi libro y lo disfruten!

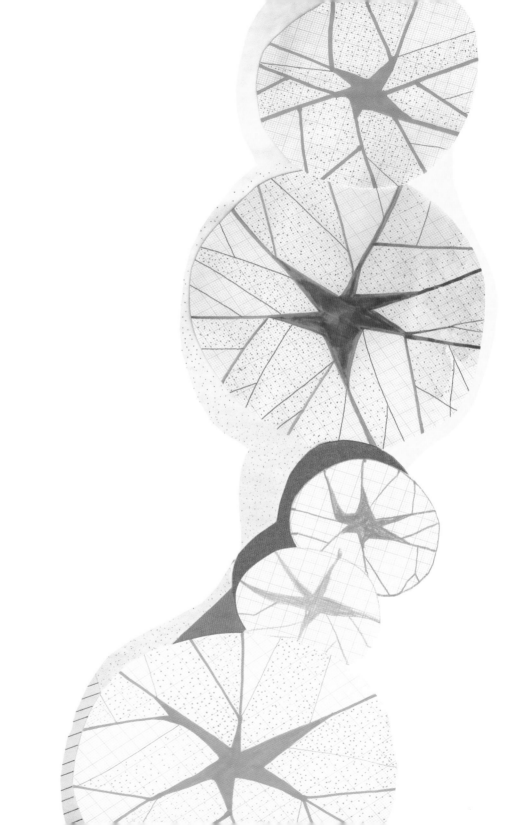